आलोकधन्वा

2 जुलाई, 1948 को बिहार के मुंगेर ज़िले में जन्मे आलोकधन्वा की पहली कविता 'जनता का आदमी' 1972 में 'वाम' पत्रिका में प्रकाशित हुई थी। उसी वर्ष 'फ़िलहाल' में 'गोली दागो पोस्टर' कविता छपी। ये दोनों कविताएँ देश के वामपंथी सांस्कृतिक आन्दोलन की प्रमुख कविताएँ बनीं और आलोक बिहार, पश्चिम बंगाल, आंध्र और पंजाब के लेखक संगठनों से गहरे जुड़े। 1973 में पंजाबी के शहीद कवि पाश के गाँव तलवंडी सलेम में सांस्कृतिक अभियान के लिए गिरफ़्तारी और जल्द ही रिहाई। 'कपड़े के जूते', 'पतंग', 'भागी हुई लड़कियाँ' और 'ब्रूनो की बेटियाँ' जैसी लम्बी कविताएँ हिन्दी और दूसरी भाषाओं में व्यापक चर्चा का विषय बनीं। वे पिछले कई वर्षों से देश के विभिन्न हिस्सों में सांस्कृतिक कार्यकर्ता के रूप में सक्रिय रहे हैं। उन्होंने छोटा नागपुर के औद्योगिक शहर जमशेदपुर में अध्ययन मंडलियों का संचालन किया और रंगकर्म और साहित्य पर कई राष्ट्रीय संस्थानों और विश्वविद्यालयों में अतिथि व्याख्याता के रूप में भागीदारी की। 2014 से 2017 तक 'बिहार संगीत नाटक अकादमी' के अध्यक्ष के रूप में अपना बहुमूल्य योगदान दिया। उन्हें पहल सम्मान, नागार्जुन सम्मान, फ़िराक़ गोरखपुरी सम्मान, गिरिजा कुमार माथुर सम्मान, भवानीप्रसाद मिश्र स्मृति सम्मान, प्रकाश जैन स्मृति सम्मान, बनारसी प्रसाद भोजपुरी सम्मान, राहुल सम्मान और बिहार राष्ट्रभाषा परिषद का विशेष साहित्य सम्मान आदि प्राप्त हुए हैं। उनकी कविताएँ अंग्रेज़ी और सभी भारतीय भाषाओं में अनूदित हुई हैं। प्रोफेसर डेनियल वाइसबोर्ट और गिरधर राठी के सम्पादन में साहित्य अकादेमी द्वारा प्रकाशित हिन्दी कविताओं के अंग्रेज़ी संकलन 'सरवाइवल' में उनकी कविताएँ संकलित हैं। इसके अलावा प्रसिद्ध अमेरिकी पत्रिका 'क्रिटिकल इनक्वायरी' में अनुवाद प्रकाशित हुए हैं।

क्रम

आम का पेड़

बीसों साल पुराना
यह पेड़ आम का
शाम के रंग का

ज़मीन तक झुक कर
ऊपर उठी हैं इसकी कई डालियाँ
कुछ तने को ऊपर उठाती
साथ-साथ गयी हैं खुले में

रात में इसके नीचे
सूखी घास जैसी गरमाहट
नीड़, पक्षियों की साँस
उनके डैनों और बीट की गंध
काली मिट्टी जैसी छाया।

1996

नदियाँ

इछामती और मेघना
महानन्दा
रावी और झेलम
गंगा गोदावरी
नर्मदा और घाघरा
नाम लेते हुए भी तकलीफ़ होती है

उनसे उतनी ही मुलाक़ात होती है
जितनी वे रास्ते में आ जाती हैं

और उस समय भी दिमाग़
कितना कम पास जा पाता है
दिमाग़ तो भरा रहता है
लुटेरों के बाज़ार के शोर से।

1996

बकरियाँ

अगर अनन्त में झाड़ियाँ होतीं
तो बकरियाँ अनन्त में भी हो आतीं
भर पेट पत्तियाँ टूँग कर वहाँ से
फिर धरती के किसी परिचित बरामदे में
लौट आतीं

जब मैं पहली बार पहाड़ों में गया
पहाड़ की तीखी चढ़ाई पर भी
बकरियों से मुलाक़ात हुई
वे काफ़ी नीचे के गाँवों से
चढ़ती हुई ऊपर आ जाती थीं
जैसे-जैसे हरियाली नीचे से
उजड़ती जाती गरमियों में

लेकिन चरवाहे कहीं नहीं दिखे
सो रहे होंगे
किसी पीपल की छाया में
यह सुख उन्हें ही नसीब है।

1995

पतंग

एक

उनके रक्त से ही फूटते हैं पतंग के धागे
और
हवा की विशाल धाराओं तक उठते चले जाते हैं
जन्म से ही कपास वे अपने साथ लाते हैं

धूप गरुड़ की तरह बहुत ऊपर उड़ रही हो या
फल की तरह बहुत पास लटक रही हो–
हलचल से भरे नींबू की तरह समय हरदम उनकी जीभ
पर रस छोड़ता रहता है

तेज़ आँधी आती है और चली जाती है
तेज़ बारिश आती है और खो जाती है
तेज़ लू आती है और मिट जाती है
लेकिन वे लगातार इन्तज़ार करते रहते हैं कि
कब सूरज कोमल हो कि कब सूरज कोमल हो कि
कब सूरज कोमल हो और खुले
कि कब दिन सरल हों
कि कब दिन इतने सरल हों
कि शुरू हो सके पतंग और धागों की इतनी नाजुक दुनिया
बच्चों और चिड़ियों की आँखों की इतनी नाज़ुक दुनिया

दो

सबसे काली रातें भादों की गयीं
सबसे काले मेघ भादों के गये
सबसे तेज़ बौछारें भादों की
मस्तूलों को झुकाती, नगाड़ों को गुँजाती
डंका पीटती—तेज़ बौछारें
कुओं और तालाबों को झुलातीं
लालटेनों और मोमबत्तियों को बुझातीं
ऐसे अँधेरे में सिर्फ़ दादी ही सुनाती है तब
अपनी सबसे लम्बी कहानियाँ
कड़कती हुई बिजली से तुरत-तुरत जगे उन बच्चों को
उन डरी हुई चिड़ियों को
जो बह रही झाड़ियों से उड़कर अभी-अभी आयी हैं
भीगे हुए परों और भीगी हुई चोंचों से टटोलते-टटोलते
उन्होंने किस तरह ढूँढ़ लिया दीवार में एक बड़ा-सा सूखा छेद !

चिड़ियाँ बहुत दिनों तक जीवित रह सकती हैं—
अगर आप उन्हें मारना बंद कर दें
बच्चे बहुत दिनों तक जीवित रह सकते हैं
अगर आप उन्हें मारना बंद कर दें
भूख से
महामारी से
बाढ़ से और गोलियों से मारते हैं आप उन्हें
बच्चों को मारने वाले आप लोग !
एक दिन पूरे संसार से बाहर निकाल दिये जायेंगे
बच्चों को मारने वाले शासको !
सावधान !
एक दिन आपको बर्फ़ में फेंक दिया जायेगा

जहाँ आप लोग गलते हुए मरेंगे
और आपकी बंदूक़ें भी बर्फ़ में गल जायेंगी

तीन

सबसे तेज़ बौछारें गयीं भादों गया
सवेरा हुआ
ख़रगोश की आँखों जैसा लाल सवेरा
शरद आया पुलों को पार करते हुए
अपनी नयी चमकीली साइकिल तेज़ चलाते हुए
घंटी बजाते हुए ज़ोर-ज़ोर से
चमकीले इशारों से बुलाते हुए
पतंग उड़ानेवाले बच्चों के झुंड को
चमकीले इशारों से बुलाते हुए और
आकाश को इतना मुलायम बनाते हुए
कि पतंग ऊपर उठ सके–
दुनिया की सबसे हलकी और रंगीन चीज़ उड़ सके
दुनिया का सबसे पतला काग़ज़ उड़ सके–
बाँस की सबसे पतली कमानी उड़ सके–
कि शुरू हो सके सीटियों, किलकारियों और
तितलियों की इतनी नाज़ुक दुनिया

जन्म से ही वे अपने साथ लाते हैं कपास
पृथ्वी घूमती हुई आती है उनके बेचैन पैरों के पास
जब वे दौड़ते हैं बेसुध
छतों को भी नरम बनाते हुए
दिशाओं को मृदंग की तरह बजाते हुए
जब वे पेंग भरते हुए चले आते हैं
डाल की तरह लचीले वेग से अक्सर

छतों के ख़तरनाक किनारों तक–
उस समय गिरने से बचाता है उन्हें
सिर्फ़ उनके ही रोमांचित शरीर का संगीत
पतंगों की धड़कती ऊँचाइयाँ उन्हें थाम लेती हैं महज़ एक धागे के सहारे
पतंगों के साथ-साथ वे भी उड़ रहे हैं
अपने रंध्रों के सहारे

अगर वे कभी गिरते हैं छतों के ख़तरनाक किनारों से
और बच जाते हैं तब तो
और भी निडर होकर सुनहले सूरज के सामने आते हैं
पृथ्वी और भी तेज़ घूमती हुई आती है
उनके बेचैन पैरों के पास।

1976

कपड़े के जूते

रेल की चमकती हुई पटरियों के किनारे
वे कपड़े के पुराने जूते हैं
एक आदमी उन्हें छोड़कर चला गया
और एक ही क़दम बाद अदृश्य हो गया
क्योंकि जूतों की दुनिया है सिर्फ़ एक क़दम की

उस ओर से गुज़र रहे राहगीर का
एक क़दम पीछा करते हुए
वे कपड़े के पुराने जूते हैं
उनके भीतर बारिश का पानी ठहर गया है
हवा तेज़ चलने से बारिश का पानी पैर की तरह हिलता है

लगातार भीगते हुए वे जूते फफूँद से ढँक गये हैं
और ज़मीन की सबसे बारीक़ सतह पर तो
वे जूते अँकुर भी रहे हैं
मैं सोच सकता ही हूँ कि
कितनी बार खेल के निर्णायक क्षणों में
ये जूते सूर्य की तरह गर्म हुए होंगे !
इन जूतों के भीतर धूल और पहाड़ों से भरे
रास्ते बिखरे हुए हैं–
आवाज़ों और मैदानों के भटक गये छोर इन्हें टिकने दे रहे हैं
आवाज़ों और मैदानों के भटक गये छोर–

जो आदमी की ज़रूरतों से बाहर रह गये !

इन जूतों के भीतर कितनी बार
आवारा सैलानियों की आत्माएँ पैरों के सहारे
नीचे उतरी होंगी–
महीनों लगातार रही होंगी इन जूतों के भीतर
आत्माएँ–
छतों और राज्यों से बाहर–
समुद्र तल से कितना ऊपर !

कपड़े के ये जूते
सिगरेट और रूमाल की तरह मुलायम
सिगरेट और रूमाल की ही तरह हवाओं से भरे
घोंसलों की तरह बुने हुए–
ये जूते दुनिया में हत्या और बलात्कार जैसी
ठोस चीज़ों के विरुद्ध
बहुत तरल हैं
घास और भाषा में मुड़ते हुए
नमक के क़रीब बढ़ते हुए–
और चूहों के लिए तो
कपड़े के ये जूते वर्णमाला की तरह हैं
जहाँ से वे कुतरने की शुरुआत करते हैं

जूतों की दुनिया जहाँ से शुरू हुई होगी–
गड़रिये वहाँ तक ज़रूर आये होंगे !
क्योंकि जूतों के भीतर एक निविड़ता है–
जो नष्ट नहीं की जा सकती
क्योंकि भेड़ों के भीतर एक निविड़ता है आज भी
जहाँ से समुद्र सुनाई पड़ता है

और निविड़ता एक ऐसी चीज़ है–
जहाँ नींद के बीज सुरक्षित हैं
जूतों की दुनिया जहाँ से शुरू हुई होगी
जानवर वहाँ तक ज़रूर आये होंगे।

जूते–जो प्राचीन हैं
जिस तरह नावें प्राचीन हैं
चाहे उन्हें कल ही क्यों न बनाया गया हो
जैसे फल–
जो जूतों और नावों से भी अधिक प्राचीन हैं
चाहे वे आज की रात ही क्यों न फले हों
जैसे पाल–
जो हमारे कपड़ों से बहुत अधिक प्राचीन दिखते हैं
लेकिन हमारे कपड़े–
जो पालों से बहुत अधिक प्राचीन हैं।
और प्राचीनता एक ऐसी चीज़ है–
जिसे अपने घुटनों में जगह दो
ताकि ये घुटने किसी तानाशाह के आगे न झुक सकें
क्योंकि भय भी एक प्राचीन चीज़ है–
लेकिन हथियार भी उतने ही प्राचीन हैं

और ज़मीन–
जो फल से भी अधिक प्राचीन है
बीज की तरह प्राचीन–
और ज़मीन पर चलना–
जो इतना आसान काम है
फिर भी ज़मीन पर चल रहे आदमी को देखना
एक प्राचीन दृश्य को देखना है–
ज़मीन पर चलना एक इतना आसान काम है

फिर भी
ज़मीन पर चलने की स्मृति गहन है

रेल की चमकती हुई पटरियों के किनारे
वे अब सिर्फ़ कपड़े के पुराने जूते ही नहीं हैं
बल्कि वे अब
ऐसे धुँधले और ख़तरनाक रास्ते हो चुके हैं–
जिन पर जासूस भी चलने में असमर्थ हैं
लेकिन जब तारे छिटकने लगते हैं
और शाम की टहनियाँ उन पुराने जूतों में भर जाती हैं
तो उन्हीं धुँधले और ख़तरनाक रास्तों पर स्वप्न के
सुदूर चक्के तेज़ घूमते हुए आते हैं और
आदमी की नींद में रोशनी और जड़ें फेंकते हुए
कहाँ-कहाँ फेंक दी गयीं और छोड़ दी गयीं और
बेकार पड़ी चीज़ों को एक
हरियाली की तरह बटोर लाते हैं !

जानवर प्रकृति से आये। और दिन भी।
लेकिन जूते प्रकृति से नहीं आये
जूतों को आदमियों ने बनाया–
जिस तरह बाग़ीचों को आदमियों ने बनाया
इस तरह साथ-साथ चलने के लिए
आदमी ने महान चीज़ें बनायीं
और उन महान चीज़ों में जूते आदमी
के सबसे निकट हैं–
जहाज़ से भी अधिक
सड़कों, रेलों और सीढ़ियों से भी अधिक
कोशिशों और धुनों की तरह
निरन्तर प्रवेश चाहते हुए

कपड़े के वे जूते इतने पुराने हो चुके हैं
कोई कह सकता है कि
जहाँ वे जूते हैं वहाँ कोई समय नहीं है–
कपड़े के वे जूते समय से बाहर झूल रहे हैं
मृत्यु भी अब उन जूतों को पहनना नहीं चाहेगी
लेकिन कवि उन्हें पहनते हैं
और शताब्दियाँ पार करते हैं !

1979

नींद

रात के आवारा
मेरी आत्मा के पास भी रुको
मुझे दो ऐसी नींद
जिस पर एक तिनके का दबाव भी न हो

ऐसी नींद
जैसे चाँद में पानी की घास।

1995

शरीर

स्त्रियों ने रचा जिसे युगों में
युगों की रातों में उतने निजी हुए शरीर
आज मैं चला ढूँढ़ने अपने शरीर में।

1995

एक ज़माने की कविता

वहाँ डाल पर फल पकते थे
और उनसे रोशनी निकलती थी

हम बहुत तेज़ दौड़ते थे
मैदान से घर की ओर
कभी तो आगे-आगे हम
और पीछे-पीछे बारिश

ऊँची घास की जड़ों के बीच
छोटे-छोटे फूल खिलते थे
किसी और ही पौधे से
घास के अन्दर झाँकने पर
ही दिखते थे

कभी जब अचानक मेघ घिर आते
और शाम से पहले शाम हो जाती
माँ हमें पुकारती हुई
गाँव के बाहर तक आ जाती

अगर हम देर तक जगे होते
तो अँधेरे में कई तरह की आवाज़ें सुनते
जिन्हें दिन में कभी नहीं सुन पाते

कुएँ में डोल डुबोने की आवाज़
जानवरों की भारी साँस
कोई अकेला पक्षी ऊपर तारों के बीच
बोलता जाता हुआ

फ़सल की कटाई के समय
पिता थके-माँदे लौटते
तो माँ
कितने मीठे कंठ से बात करती

काली रात बहुत काली होती थी
सफ़ेद रात बहुत सफ़ेद होती थी

बहन की सहेली थी सुजाता
पोखर के घाट पर गाती थी
एक लड़का था घुँघराले बाल वाला दिवाकर
छिपकर उसका गाना सुनता
एक दिन सुजाता चली गयी बंगाल
उसका परिवार भी
और दिवाकर रह गया बिहार में

कई लोग गाँव छोड़कर चले जाते
फिर कभी वापस नहीं आते

बरसात में चलती पुरवाई
बहन के साथ हम
बाग़ीचे में भटकते
बहन दिखाती कि एक पेड़ कैसे भीगता है
ऊपर पत्तों से चू रहा होता पानी

जबकि भीतर की शाख़ें
बिलकुल कम गीली
और नीचे का मोटा तना तो
शायद ही कभी पूरा भीगता
वहाँ छाल पर हम गोंद छूते
बाग़ीचे में हर ओर एक महक होती
ख़ूब अच्छी लगती

माँ जब भी नयी साड़ी पहनती
गुनगुनाती रहती
हम माँ को तंग करते
उसे दुलहन कहते
माँ तंग नहीं होती
बल्कि नया गुड़ देती
गुड़ में मूँगफली के दाने भी होते

जब माँ फ़ुरसत में होती
तो हमें उन दिनों की बातें सुनाती
जब वह ख़ुद बच्ची थी
हमें मुश्किल से यक़ीन होता
कि माँ भी कभी बच्ची थी

दियाबाती के समय माँ गाती
शाम में रोशनी करते हुए गाना
उसे हर बार अच्छा लगता

माँ थी अनपढ़
लेकिन उसके पास गीतों की कमी नहीं थी
कई बार नये गीत भी सुनाती

रही होगी एक अनाम ग्राम-कवि

शाम की रोशनी के सामने वह गाती
हम सभी भाई-बहन उसके बदन से लगकर
चुप हो उसे सुनते
वह इतना बढ़िया गाती कि लगता
वह कोई और काम न करे
लेकिन तभी उसे जाना पड़ता रसोई में

आँचल की ओट में दीप की लौ को
हवा से बचाती
वह आँगन पार करती
गोधूलि में नीम के नीचे से
हम उसे देखते रसोई में जाते हुए
जैसे-जैसे रात होती जाती
हम माँ से तनिक दूर नहीं रह पाते

आज सालों बाद भी मैं नहीं भूला
माँ का शाम में गाना
चाँद की रोशनी में
नदी के किनारे जंगली बेर का झरना
इन सबको मैंने बचाया दर्द की आँधियों से।

1995

गोली दागो पोस्टर

यह उन्नीस सौ बहत्तर की बीस अप्रैल है या
किसी पेशेवर हत्यारे का दायाँ हाथ या किसी जासूस
का चमड़े का दस्ताना या किसी हमलावर की दूरबीन पर
टिका हुआ धब्बा है
जो भी हो—इसे मैं केवल एक दिन नहीं कह सकता !

जहाँ मैं लिख रहा हूँ
यह बहुत पुरानी जगह है
जहाँ आज भी शब्दों से अधिक तम्बाकू का
इस्तेमाल होता है

आकाश यहाँ एक सूअर की ऊँचाई भर है
यहाँ जीभ का इस्तेमाल सबसे कम हो रहा है
यहाँ आँख का इस्तेमाल सबसे कम हो रहा है
यहाँ कान का इस्तेमाल सबसे कम हो रहा है
यहाँ नाक का इस्तेमाल सबसे कम हो रहा है

यहाँ सिर्फ़ दाँत और पेट हैं
गिट्टी में धँसे हुए हाथ हैं
आदमी कहीं नहीं है
केवल एक नीला खोखल है
जो केवल अनाज माँगता रहता है—

एक मूसलाधार बारिश से
दूसरी मूसलाधार बारिश तक

यह औरत मेरी माँ है या
पाँच फ़ीट लोहे की एक छड़
जिस पर दो सूखी रोटियाँ लटक रही हैं–
मरी हुई चिड़ियों की तरह
अब मेरी बेटी और मेरी हड़ताल में
बाल भर भी फ़र्क़ नहीं रह गया है
जबकि संविधान अपनी शर्तों पर
मेरी हड़ताल और मेरी बेटी को
तोड़ता जा रहा है

क्या इस आकस्मिक चुनाव के बाद
मुझे बारूद के बारे में
सोचना बंद कर देना चाहिए ?
क्या उन्नीस सौ बहत्तर की इस बीस अप्रैल को
मैं अपने बच्चे के साथ
एक पिता की तरह रह सकता हूँ ?
स्याही से भरी दावात की तरह–
एक गेंद की तरह
क्या मैं अपने बच्चों के साथ
एक घास भरे मैदान की तरह रह सकता हूँ ?

वे लोग अगर अपनी कविता में मुझे
कभी ले भी जाते हैं तो
मेरी आँखों पर पट्टियाँ बाँधकर
मेरा इस्तेमाल करते हैं और फिर मुझे
सीमा से बाहर लाकर छोड़ देते हैं

वे मुझे राजधानी तक कभी नहीं पहुँचने देते हैं
मैं तो ज़िला-शहर तक आते-आते जकड़ लिया जाता हूँ !

सरकार ने नहीं—इस देश की सबसे
सस्ती सिगरेट ने मेरा साथ दिया

बहन के पैरों के आस-पास
पीले रेंड़ के पौधों की तरह
उगा था जो मेरा बचपन—
उसे दारोग़ा का भैंसा चर गया
आदमीयत को जीवित रखने के लिए अगर
एक दारोग़ा को गोली दागने का अधिकार है
तो मुझे क्यों नहीं ?

जिस ज़मीन पर
मैं अभी बैठकर लिख रहा हूँ
जिस ज़मीन पर मैं चलता हूँ
जिस ज़मीन को मैं जोतता हूँ
जिस ज़मीन में बीज बोता हूँ और
जिस ज़मीन से अन्न निकालकर मैं
गोदामों तक ढोता हूँ
उस ज़मीन के लिए गोली दागने का अधिकार
मुझे है या उन दोग़ले ज़मींदारों को जो पूरे देश को
सूदख़ोर का कुत्ता बना देना चाहते हैं

यह कविता नहीं है
यह गोली दागने की समझ है
जो तमाम क़लम चलानेवालों को
तमाम हल चलानेवालों से मिल रही है।

1972

जनता का आदमी

बर्फ़ काटने वाली मशीन से आदमी काटने वाली मशीन तक
कौंधती हुई अमानवीय चमक के विरुद्ध
जलते हुए गाँवों के बीच से गुज़रती है मेरी कविता;
तेज़ आग और नुकीली चीख़ों के साथ
जली हुई औरत के पास
सबसे पहले पहुँचती है मेरी कविता;

जबकि ऐसा करते हुए मेरी कविता जगह-जगह से जल जाती है
और वे आज भी कविता का इस्तेमाल मुर्दागाड़ी की तरह कर रहे हैं
शब्दों के फेफड़ों में नये मुहावरों का ऑक्सीजन भर रहे हैं,
लेकिन जो कर्फ़्यू के भीतर पैदा हुआ,
जिसकी साँस लू की तरह गर्म है
उस नौजवान खान मज़दूर के मन में
एक बिलकुल नयी बंदूक़ की तरह याद आती है मेरी कविता।

जब कविता के वर्जित प्रदेश में
मैं एकबारगी कई करोड़ आदमियों के साथ घुसा
तो उन तमाम कवियों को
मेरा आना एक अश्लील उत्पात-सा लगा
जो केवल अपनी सुविधा के लिए
अफ़ीम के पानी में अगले रविवार को चुरा लेना चाहते थे
अब मेरी कविता एक ली जा रही जान की तरह बुलाती है,

भाषा और लय के बिना, केवल अर्थ में—
उस गर्भवती औरत के साथ
जिसकी नाभि में सिर्फ़ इसलिए गोली मार दी गयी
कि कहीं एक और ईमानदार आदमी पैदा न हो जाय।

सड़े हुए चूहों को निगलते-निगलते
जिनके कंठ में अटक गया है समय
जिनकी आँखों में अकड़ गये हैं मरी हुई याद के चकत्ते
वे सदा के लिए जंगलों में बस गये हैं—
आदमी से बचकर
क्योंकि उनकी जाँघ की सबसे पतली नस में
शब्द शुरू होकर
जाँघ की सबसे मोटी नस में शब्द समाप्त हो जाते हैं
भाषा की ताज़गी से वे अपनी नीयत ढँक रहे हैं
बस एक बहस के तौर पर
वे श्रीकाकुलम जैसी जगहों का भी नाम ले लेते हैं,
वे अजीब तरह से सफल हुए हैं इस देश में
मरे हुए आदमियों के नाम से
वे जीवित आदमियों को बुला रहे हैं।

वे लोग पेशेवर ख़ूनी हैं
जो नंगी ख़बरों का गला घोंट देते हैं
अख़बार की सनसनीख़ेज़ सुर्ख़ियों की आड़ में
वे बार-बार उस एक चेहरे के पालतू हैं
जिसके पेशाबघर का नक़्शा मेरे गाँव के नक़्शे से बड़ा है।

बर्फ़ीली दरारों में पायी जाने वाली
उजली जोंकों की तरह प्रकाशन संस्थाएँ इस देश की :
हुगली के किनारे आत्महत्या करने के पहले

क्यों चीख़ा था वह युवा कवि—'टाइम्स ऑफ़ इंडिया'
—उसकी लाश तक जाना भी मेरे लिए संभव नहीं हो सका
कि भाड़े पर लाया गया आदमी उसके लिए नहीं रो सका
क्योंकि उसे सबसे पहले
आज अपनी असली ताक़त के साथ हमलावर होना चाहिए।

हर बार कविता लिखते-लिखते
मैं एक विस्फोटक शोक के सामने खड़ा हो जाता हूँ
कि आख़िर दुनिया के इस बेहूदे नक़्शे को
मुझे कब तक ढोना चाहिए,
कि टैंक के चेन में फँसे लाखों गाँवों के भीतर
एक समूचे आदमी को कितने घंटों तक सोना चाहिए ?

कलकत्ते के ज़ू में एक गैंडे ने मुझसे कहा
कि अभी स्वतंत्रता कहीं नहीं है, सब कहीं सुरक्षा है;
राजधानी के सबसे सुरक्षित हिस्से में
पाला जाता है एक आदिम घाव
जो पैदा करता है जंगली बिल्लियों के सहारे पाशविक अलगाव
तब से मैंने तय कर लिया है
कि गैंडे की कठिन चमड़ी का उपयोग युद्ध के लिए नहीं
बल्कि एक अपार करुणा के लिए होना चाहिए।

मैं अभी मांस पर खुदे हुए अक्षरों को पढ़ रहा हूँ—
ज़हरीली गैसों और ख़ूंख़ार गुप्तचरों से लैस
इस व्यवस्था का एक अदना-सा आदमी
मेरे घर में किसी भी समय ज़बर्दस्ती घुस आता है
और बिजली के कोड़ों से
मेरी माँ की जाँघ
मेरी बहन की पीठ

और मेरी बेटी की छातियों को उधेड़ देता है,
मेरी खुली आँखों के सामने
मेरे वोट से लेकर मेरी प्रजनन शक्ति तक को नष्ट कर देता है,
मेरी कमर में रस्से बाँध कर
मुझे घसीटता हुआ चल देता है,
जबकि पूरा गाँव इस नृशंस दृश्य को
तमाशबीन की तरह देखता रह जाता है।
क्योंकि अब तक सिर्फ़ जेल जाने की कविताएँ लिखी गयीं
किसी सही आदमी के लिए
जेल उड़ा देने की कविताएँ पैदा नहीं हुईं।

एक रात
जब मैं ताज़े और गर्म शब्दों की तलाश में था—
हज़ारों बिस्तरों में पिछले रविवार को पैदा हुए बच्चे निश्चिंत सो रहे थे,
उन बच्चों की लम्बाई
मेरी कविता लिखने वाली क़लम से थोड़ी-सी बड़ी थी।
तभी मुझे कोने में वे खड़े दिखाई दे गये, वे खड़े थे—कोने में
भरी हुई बंदूक़ों की तरह, सायरनों की तरह, सफ़ेद चीते की तरह,
पाठ्यक्रम की तरह, बदबू और संविधान की तरह।
वे अभिभावक थे,
मेरी पकड़ से बाहर—क्रूर परजीवी,
उनके लिए मैं बिलकुल निहत्था था
क्योंकि शब्दों से उनका कुछ नहीं बिगड़ता है
जब तक कि उनके पास सात सेंटीमीटर लम्बी गोलियाँ हैं
—रायफ़लों में तनी-पड़ी।
वे इन बच्चों को बिस्तरों से उठाकर
सीधे बारूदख़ाने तक ले जायेंगे।
वे हर तरह की कोशिश करेंगे
कि इन बच्चों से मेरी जान-पहचान न हो

क्योंकि मेरी मुलाक़ात उनके बारूदख़ाने में आग की तरह घुसेगी।

मैं गहरे जल की आवाज़-सा उतर गया।
बाहर हवा में, सड़क पर
जहाँ अचानक मुझे फ़ायर स्टेशन के ड्राइवरों ने पकड़ लिया और पूछा–
आख़िर इस तरह अक्षरों का भविष्य क्या होगा ?
आख़िर कब तक हम लोगों को दौड़ते हुए दमकलों के सहारे याद किया जाता रहेगा ?
उधर युवा डोमों ने इस बात पर हड़ताल की
कि अब हम श्मशान में अकाल-मृत्यु के मुर्दों को
सिर्फ़ जलायेंगे ही नहीं
बल्कि उन मुर्दों के घर तक जायेंगे।

अक्सर कविता लिखते हुए मेरे घुटनों से
किसी अज्ञात समुद्र-यात्री की नाव टकरा जाती है
और फिर एक नये देश की खोज शुरू हो जाती है–
उस देश का नाम वियतनाम ही हो यह कोई ज़रूरी नहीं
उस देश का नाम बाढ़ में बह गये मेरे पिता का नाम भी हो सकता है,
मेरे गाँव का नाम भी हो सकता है
मैं जिस खलिहान में अब तक
अपनी फ़सलों, अपनी पंक्तियों को नीलाम करता आया हूँ
उसके नाम पर भी यह नाम हो सकता है।

क्यों पूछा था एक सवाल मेरे पुराने पड़ोसी ने–
मैं एक भूमिहीन किसान हूँ,
क्या मैं कविता को छू सकता हूँ ?
अबरख़ की खान में लट्टू जलता है जिन युवा स्तनों और बलिष्ठ कंधों का
उन्हें अबरख़ 'अबरख़' की तरह
जीवन में एक बार भी याद नहीं आता है

क्यों हर बार आम ज़िन्दगी के सवाल से
कविता का सवाल पीछे छूट जाता है ?

इतिहास के भीतर आदिम युग से ही
कविता के नाम पर जो जगहें ख़ाली कर ली जाती हैं–
वहाँ इन दिनों चर्बी से भरे हुए डिब्बे ही अधिक जमा हो रहे हैं,
एक गहरे नीले काँच के भीतर
सुकान्त की इक्कीस फ़ीट लम्बी तड़पती हुई आँत
निकाल कर रख दी गयी है,
किसी चिर विद्रोह की रीढ़ पैदा करने के लिए नहीं;
बल्कि कविता के अज़ायबघर को
पहले से और अजूबा बनाने के लिए।
असफल, बूढ़ी प्रेमिकाओं की भीड़ इकट्ठी करने वाली
महीन तम्बाकू जैसी कविताओं के बीच
भेड़ों की गंध से भरा मेरा गड़रिये-जैसा चेहरा
आप लोगों को बेहद अप्रत्याशित लगा होगा,
उतना ही
जितना साहू जैन के ग्लास-टैंक में
मछलियों की जगह तैरती हुई गजानन माधव मुक्तिबोध की लाश।

बम विस्फोट में घिरने के बाद का चेहरा मेरी ही कविताओं में क्यों है ?
मैं क्यों नहीं लिख पाता हूँ वैसी कविता
जैसी बच्चों की नींद होती है,
खान होती है,
पके हुए जामुन का रंग होता है,
मैं वैसी कविता क्यों नहीं लिख पाता
जैसी माँ के शरीर में नये पुआल की महक होती है,
जैसी बाँस के जंगल में हिरन के पसीने की गंध होती है,
जैसे ख़रगोश के कान होते हैं,

जैसे ग्रीष्म के बीहड़ एकान्त में
नीले जल-पक्षियों का मिथुन होता है,
जैसे समुद्री खोहों में लेटा हुआ खारा कत्थईपन होता है,
मैं वैसी कविता क्यों नहीं लिख पाता
जैसे हज़ारों फ़ीट की ऊँचाई से गिरनेवाले झरने की पीठ होती है ?
हाथी के पैरों के निशान जैसे गम्भीर अक्षरों में
जो कविता दीवारों पर लिखी होती है
कई लाख हलों के ऊपर खुदी हुई है जो
कई लाख मज़दूरों के टिफ़िन कैरियर में
ठंढी, कमज़ोर रोटी की तरह लेटी हुई है जो कविता ?

एक मरे हुए भालू से लड़ती रहीं उनकी कविताएँ
कविता को घुड़दौड़ की जगह बनाने वाले उन सट्टेबाज़ों की
बाज़ी को तोड़ सकता है वही
जिसे आप मामूली आदमी कहते हैं;
क्योंकि वह किसी भी देश के झंडे से बड़ा है।
इस बात को वह महसूस करने लगा है,
महसूस करने लगा है वह
अपनी पीठ पर लिखे गये सैकड़ों उपन्यासों,
अपने हाथों से खोदी गयी नहरों और सड़कों को

कविता की एक महान सम्भावना है यह
कि वह मामूली आदमी अपनी कृतियों को महसूस करने लगा है—
अपनी टाँग पर टिके महानगरों और
अपनी कमर पर टिकी हुई राजधानियों को
महसूस करने लगा है वह।
धीरे-धीरे उसका चेहरा बदल रहा है,
हल के चमचमाते हुए फाल की तरह पंजों को
बीज, पानी और ज़मीन के सही रिश्तों को

वह महसूस करने लगा है।
कविता का अर्थ विस्तार करते हुए
वह जासूसी कुत्तों की तरह शब्दों को खुला छोड़ देता है,
एक छिटकते हुए क्षण के भीतर देख लेता है वह
ज़ंजीर का अकेलापन,
वह जान चुका है–
क्यों एक आदिवासी बच्चा घूरता है अक्षर,
लिपि से भी डरते हुए,
इतिहास की सबसे घिनौनी किताब का राज़ खोलते हुए।

1972

भूखा बच्चा

मैं उसका मस्तिष्क नहीं हूँ
मैं महज़ उस भूखे बच्चे की आँत हूँ।

उस बच्चे की आत्मा गिर रही है ओस की तरह

जिस तरह बाँस के अँखुवे बंजर में तड़कते हुए ऊपर उठ रहे हैं
उस बच्चे का सिर हर सप्ताह हवा में ऊपर उठ रहा है
उस बच्चे के हाथ हर मिनट हवा में लम्बे हो रहे हैं
उस बच्चे की त्वचा कड़ी हो रही है
हर मिनट जैसे पत्तियाँ कड़ी हो रही हैं
और
उस बच्चे की पीठ चौड़ी हो रही है जैसे कि घास
और
घास हर मिनट पूरे वायुमंडल में प्रवेश कर रही है

लेकिन उस बच्चे के रक्तसंचार में
मैं सितुहा-भर धुँधला नमक भी नहीं हूँ

उस बच्चे के रक्तसंचार में
मैं केवल एक जलआकार हूँ
केवल एक जलउत्तेजना हूँ।

1973

शंख के बाहर

सूँढ़ जैसे लम्बे इस शंख के भीतर गुज़र रहा हूँ
जल की कुल्हाड़ियाँ इसे चीर रही हैं और
मैं कुल्हाड़ियों को चीर रहा हूँ

शंख के बाहर माँ खड़ी है
कनपटी पर एक लम्बे बाघ की छाया लिये—
दहाड़ से माँ की त्वचा फट रही है और
नारियल की रस्सियों की तरह कठोर लहू बाहर आ रहा है
फिर भी वह केवल मेरे इन्तज़ार में
अब तक माँ बनी हुई है कोई चीज़ कोई एकान्त नहीं हुई
माँ कभी भी एकान्त नहीं हुई, जब से वह माँ हुई मेरी—
और मैं इस सूँढ़ जैसे शंख के भीतर गुज़र रहा हूँ !

धूप से जली भौंहें और शीत से लँगड़े हो गये पैर
असमय निधन लोहे के गोलों की तरह ठोस, हृदयहीन
चारों ओर निधन/बच्चों का निधन
दूध के बिना निधन/गेहूँ के बिना निधन
कौन रोकता है दूध को बच्चों तक आने में/गेहूँ को कौन रोकता है
बाहर निकालो इस आततायी को

शंख के बाहर पिता झुकते जा रहे हैं
मिट्‌टी की ओर रीढ़

अब उनकी सीधी कमर कभी नहीं देख सकूँगा
कविता में भी नहीं
माँड़ पीते-पीते, मकई खाते-खाते
पिता सन्नाटे से भर गये केवल
जगमगाते हुए चावल के साथ पिता के शब्दों को भी ले गया ज़मींदार !

मैं कवि हूँ ? क्या मैं सचमुच कवि हूँ ?
या महज़ काग़ज़ काटने वाला एक चाक़ू हूँ या
अख़बार से ढँका हुआ मैदान हूँ मैं कोई ?
शंख के बाहर बारूद के हथियार खड़े हैं
और
हथियार के चारों ओर लोग हल चला रहे हैं।

1973

भागी हुई लड़कियाँ

एक

घर की ज़ंजीरें
कितना ज़्यादा दिखाई पड़ती हैं
जब घर से कोई लड़की भागती है

क्या उस रात की याद आ रही है
जो पुरानी फ़िल्मों में बार-बार आती थी
जब भी कोई लड़की घर से भागती थी ?
बारिश से घिरे वे पत्थर के लैम्पपोस्ट
सिर्फ़ आँखों की बेचैनी दिखाने-भर उनकी रोशनी ?

और वे तमाम गाने रजतपर्दों पर दीवानगी के
आज अपने ही घर में सच निकले !

क्या तुम यह सोचते थे कि
वे गाने सिर्फ़ अभिनेता-अभिनेत्रियों के लिए
रचे गये थे ?
और वह ख़तरनाक अभिनय
लैला के ध्वंस का
जो मंच से अटूट उठता हुआ
दर्शकों की निजी ज़िन्दगियों में फैल जाता था ?

दो

तुम तो पढ़कर सुनाओगे नहीं
कभी वह ख़त
जिसे भागने से पहले वह
अपनी मेज़ पर रख गयी
तुम तो छिपाओगे पूरे ज़माने से
उसका संवाद
चुराओगे उसका शीशा, उसका पारा,
उसका आबनूस
उसकी सात पालों वाली नाव
लेकिन कैसे चुराओगे
एक भागी हुई लड़की की उम्र
जो अभी काफ़ी बची हो सकती है
उसके दुपट्टे के झुटपुटे में ?

उसकी बची-खुची चीज़ों को
जला डालोगे ?
उसकी अनुपस्थिति को भी जला डालोगे ?
जो गूँज रही है उसकी उपस्थिति से
बहुत अधिक
सन्तूर की तरह
केश में

तीन

उसे मिटाओगे
एक भागी हुई लड़की को मिटाओगे
उसके ही घर की हवा से
उसे वहाँ से भी मिटाओगे

उसका जो बचपन है तुम्हारे भीतर
वहाँ से भी
मैं जानता हूँ
कुलीनता की हिंसा !

लेकिन उसके भागने की बात
याद से नहीं जायेगी
पुरानी पवन चक्कियों की तरह

वह कोई पहली लड़की नहीं है
जो भागी है
और न वह अन्तिम लड़की होगी
अभी और भी लड़के होंगे
और भी लड़कियाँ होंगी
जो भागेंगे मार्च के महीने में

लड़की भागती है
जैसे फूलों में गुम होती हुई
तारों में गुम होती हुई
तैराकी की पोशाक़ में दौड़ती हुई
खचाखच भरे जगरमगर स्टेडियम में

चार

अगर एक लड़की भागती है
तो यह हमेशा ज़रूरी नहीं है
कि कोई लडका भी भागा होगा

कई दूसरे जीवन प्रसंग हैं
जिनके साथ वह जा सकती है

कुछ भी कर सकती है
सिर्फ़ जन्म देना ही स्त्री होना नहीं है

तुम्हारे टैंक जैसे बन्द और मज़बूत
घर से बाहर
लड़कियाँ काफ़ी बदल चुकी हैं
मैं तुम्हें यह इजाज़त नहीं दूँगा
कि तुम अब
उनकी सम्भावना की भी तस्करी करो

वह कहीं भी हो सकती है
गिर सकती है
बिखर सकती है
लेकिन वह ख़ुद शामिल होगी सब में
ग़लतियाँ भी ख़ुद ही करेगी
सब कुछ देखेगी
शुरू से अन्त तक
अपना अन्त भी देखती हुई जायेगी
किसी दूसरे की मृत्यु नहीं मरेगी

पाँच

लड़की भागती है
जैसे सफ़ेद घोड़े पर सवार
लालच और जुए के आर-पार
जर्जर दूल्हों से
कितनी धूल उठती है !

तुम
जो

पत्नियों को अलग रखते हो
वेश्याओं से
और प्रेमिकाओं को अलग रखते हो
पत्नियों से
कितना आतंकित होते हो
जब स्त्री बेख़ौफ़ भटकती है
ढूँढ़ती हुई अपना व्यक्तित्व
एक ही साथ वेश्याओं और पत्नियों
और प्रेमिकाओं में !

अब तो वह कहीं भी हो सकती है
उन आगामी देशों में भी
जहाँ प्रणय एक काम होगा पूरा का पूरा !

छह

कितनी-कितनी लड़कियाँ
भागती हैं मन ही मन
अपने रतजगे, अपनी डायरी में
सचमुच की भागी लड़कियों से
उनकी आबादी बहुत बड़ी है

क्या तुम्हारे लिए कोई लड़की भागी ?

क्या तुम्हारी रातों में
एक भी लाल मोरम वाली सड़क नहीं ?

क्या तुम्हें दाम्पत्य दे दिया गया ?
क्या तुम उसे उठा लाये

अपनी हैसियत, अपनी ताक़त से ?
तुम उठा लाये एक ही बार में
एक स्त्री की तमाम रातें
उसके निधन के बाद की भी रातें !

तुम नहीं रोये पृथ्वी पर एक बार भी
किसी स्त्री के सीने से लगकर

सिर्फ़ आज की रात रुक जाओ
तुम से नहीं कहा किसी स्त्री ने

सिर्फ़ आज की रात रुक जाओ
कितनी-कितनी बार कहा कितनी
स्त्रियों ने दुनिया भर में
समुद्र के तमाम दरवाज़ों तक दौड़ती हुई आयीं वे
सिर्फ़ आज की रात रुक जाओ
और दुनिया जब तक रहेगी
सिर्फ़ आज की रात भी रहेगी।

1988

ज़िलाधीश

तुम एक पिछड़े हुए वक्ता हो।

तुम एक ऐसे विरोध की भाषा में बोलते हो
जैसे राजाओं का विरोध कर रहे हो !
एक ऐसे समय की भाषा
जब संसद का जन्म नहीं हुआ था !

तुम क्या सोचते हो
संसद ने विरोध की भाषा और सामग्री को
वैसा ही रहने दिया
जैसी वह राजाओं के ज़माने में थी ?

यह जो आदमी
मेज़ की दूसरी ओर सुन रहा है तुम्हें
कितने क़रीब से और ध्यान से
यह राजा नहीं है ज़िलाधीश है !

यह ज़िलाधीश है
जो राजाओं से आम तौर पर
बहुत ज़्यादा शिक्षित है
राजाओं से ज़्यादा तत्पर और संलग्न !

यह दूर किसी क़िले में—ऐश्वर्य की निर्जनता में नहीं
हमारी गलियों में पैदा हुआ एक लड़का है।
यह हमारी असफलताओं और ग़लतियों के
बीच पला है
यह जानता है हमारे साहस और लालच को
राजाओं से बहुत ज़्यादा धैर्य और चिन्ता है इसके पास !

यह ज़्यादा भ्रम पैदा कर सकता है
यह ज़्यादा अच्छी तरह हमें आज़ादी से
दूर रख सकता है।
कड़ी
कड़ी निगरानी चाहिए
सरकार के इस बेहतरीन दिमाग़ पर !

कभी-कभी तो इससे सीखना भी पड़ सकता है !

1989

फ़र्क़

देखना
एक दिन मैं भी उसी तरह शाम में
कुछ देर के लिए घूमने निकलूँगा
और वापस नहीं आ पाऊँगा !

समझा जायेगा कि
मैंने ख़ुद को ख़त्म किया !

नहीं, यह असम्भव होगा
बिलकुल झूठ होगा !
तुम भी मत यक़ीन कर लेना
तुम जो मुझे थोड़ा जानते हो !
तुम
जो अनगिनत बार
मेरी कमीज़ के ऊपर ऐन दिल के पास
लाल झंडे का बैज लगा चुके हो
तुम भी मत यक़ीन कर लेना।

अपने कमज़ोर से कमज़ोर क्षण में भी
तुम यह मत सोचना
कि मेरे दिमाग़ की मौत हुई होगी !
नहीं, कभी नहीं !

हत्याएँ और आत्महत्याएँ एक जैसी रख दी गयी हैं
इस आधे अँधेरे समय में।
फ़र्क़ कर लेना साथी !

1992

छतों पर लड़कियाँ

अब भी
छतों पर आती हैं लड़कियाँ
मेरी ज़िन्दगी पर पड़ती हैं उनकी परछाइयाँ।

गो कि लड़कियाँ आयी हैं उन लड़कों के लिए
जो नीचे गलियों में ताश खेल रहे हैं
नाले के ऊपर बनी सीढ़ियों पर और
फ़ुटपाथ के खुले चायख़ानों की बेंचों पर
चाय पी रहे हैं
उस लड़के को घेर कर
जो बहुत मीठा बजा रहा है माउथ ऑर्गन पर
आवारा और श्री 420 की अमर धुनें।

पत्रिकाओं की एक ज़मीन पर बिछी दुकान
सामने खड़े-खड़े कुछ नौजवान अख़बार भी पढ़ रहे हैं।
उनमें सभी छात्र नहीं हैं
कुछ बेरोज़गार हैं और कुछ नौकरीपेशा,
और कुछ लफ़ंगे भी

लेकिन उन सभी के ख़ून में
इन्तज़ार है एक लड़की का !
उन्हें उम्मीद है उन घरों और उन छतों से
किसी शाम प्यार आयेगा !
1992

चौक

उन स्त्रियों का वैभव मेरे साथ रहा
जिन्होंने मुझे चौक पार करना सिखाया !

मेरे मोहल्ले की थीं वे
हर सुबह काम पर जाती थीं
मेरा स्कूल उनके रास्ते में पड़ता था
माँ मुझे उनके हवाले कर देती थी
छुट्टी होने पर मैं उनका इन्तज़ार करता था
उन्होंने मुझे इन्तज़ार करना सिखाया।

क़स्बे के स्कूल में
मैंने पहली बार ही दाख़िला लिया था
कुछ दिनों बाद मैं
ख़ुद ही जाने लगा
और उसके भी कुछ दिनों बाद
कई लड़के मेरे दोस्त बन गये
तब हम साथ-साथ कई दूसरे रास्तों
से भी स्कूल आने-जाने लगे

लेकिन अब भी
उन थोड़े से दिनों के कई दशकों बाद भी
जब कभी मैं किसी बड़े शहर के

बेतरतीब चौक से गुज़रता हूँ
उन स्त्रियों की याद आती है
और मैं अपना दायाँ हाथ उनकी ओर
बढ़ा देता हूँ और
बायें हाथ से उस स्लेट को सँभालता हूँ
जिसे मैं छोड़ आया था
बीस वर्षों के अख़बारों के पीछे !

1992

पानी

आदमी तो आदमी
मैं तो पानी के बारे में भी सोचता था
कि पानी को भारत में बसना सिखाऊँगा

सोचता था
पानी होगा आसान
पूरब जैसा
पुआल के टोप जैसा
मोम की रोशनी जैसा

गोधूलि में उस पार तक
मुश्किल से दिखाई देगा
और एक ऐसे देश में भटकायेगा
जिसे अभी नक़्शे में आना है

ऊँचाई पर जाकर फूल रही लतर
जैसे उठती रही हवा में नामालूम गुम्बद तक
यह मिट्टी के घड़े में भरा रहेगा
जब भी मुझे प्यास लगेगी

शरद में हो जायेगा और भी पतला
साफ़ और धीमा

किनारे पर उगे पेड़ की छाया में

सोचता था
यह सिर्फ़ शरीर के ही काम नहीं आयेगा
जो रात हमने नाव पर जगकर गुज़ारी
क्या उस रात पानी
सिर्फ़ शरीर तक आकर लौटता रहा ?

क्या-क्या बसाया हमने
जब से लिखना शुरू किया ?

उजड़ते हुए बार-बार
उजड़ने के बारे में लिखते हुए
पता नहीं वाणी का
कितना नुक़सान किया

पानी सिर्फ़ वही नहीं करता
जैसा उससे करने के लिए कहा जाता है
महज़ एक पौधे को सींचते हुए पानी
उसकी ज़रा-सी ज़मीन के भीतर भी
किस तरह जाता है

क्या स्त्रियों की आवाज़ों में बच रही हैं
पानी की आवाज़ें
और दूसरी सब आवाज़ें कैसी हैं ?

दुखी और टूटे हुए हृदय में
सिर्फ़ पानी की रात है
वहीं है आशा और वहीं है
दुनिया में फिर से लौट आने की अकेली राह।

1997

ब्रूनो की बेटियाँ

वे ख़ुद टाट और काई से नहीं बनी थीं
उनकी माताएँ थीं
और वे ख़ुद माताएँ थीं।

उनके नाम थे
जिन्हें बचपन से ही पुकारा गया
हत्या के दिन तक
उनकी आवाज़ में भी
जिन्होंने उनकी हत्या की !

उनके चेहरे थे
शरीर थे, केश थे
और उनकी परछाइयाँ थीं धूप में।

गंगा के मैदानों में उनके घंटे थे काम के
और हर बार उन्हें मज़दूरी देनी पड़ी !
जैसे देखना पड़ा पूरी पृथ्वी को
गैलीलियो की दूरबीन से !

वे राख और झूठ नहीं थीं
माताएँ थीं
और कौन कहता है ? कौन ? कौन वहशी ?

कि उन्होंने बग़ैर किसी इच्छा के जन्म दिया ?

उदासीनता नहीं थी उनका गर्भ
ग़लती नहीं थी उनका गर्भ
आदत नहीं थी उनका गर्भ
कोई नशा–
कोई नशा कोई हमला नहीं था उनका गर्भ

कौन कहता है ?
कौन अर्थशास्त्री ?

उनके सनम थे
उनमें झंकार थी

वे माताएँ थीं
उनके भी नौ महीने थे
किसी ह्वेल के भीतर नहीं–पूरी दुनिया में
पूरी दुनिया के नौ महीने !

दुनिया तो पूरी की पूरी है हर जगह
अटूट है
कहीं से भी अलग-थलग की ही नहीं जा सकती
फिर यह निर्जन शिकार मातृत्व का ?

तुम कभी नहीं चाहते कि
पूरी दुनिया उस गाँव में आये
जहाँ उन मज़दूर औरतों की हत्या की गयी ?

किस देश की नागरिक होती हैं वे

जब उनके अस्तित्व के सारे सबूत मिटाये जाते हैं ?
कल शाम तक और
कल आधी रात तक
वे पृथ्वी की आबादी में थीं
जैसे ख़ुद पृथ्वी
जैसे ख़ुद हत्यारे
लेकिन आज की सुबह ?
जबकि कल रात उन्हें ज़िन्दा जला दिया गया !

क्या सिर्फ़ जीवित आदमियों पर ही टिकी है
जीवित आदमियों की दुनिया ?

आज की सुबह भी वे पृथ्वी की आबादी में हैं

उनकी सहेलियाँ हैं
उनके कवि हैं
उनकी असफलताएँ
जिनसे प्रभावित हुआ है भारतीय समय
सिर्फ़ उनका वर्ग ही उनका समय नहीं है !

कल शाम तक यह जली हुई ज़मीन
कच्ची मिट्टी के दिये की तरह लौ देगी
और
अपने नये बाशिंदों को बुलायेगी।

वे ख़ानाबदोश नहीं थीं
कुएँ के जगत पर उनके घड़ों के निशान हैं
उनकी कुल्हाड़ियों के दाग़
शीशम के उस सफ़ेद तने पर

बाँध की ढलान पर उतरने के लिए
टिकाये गये उनके पत्थर

उनके रोज़-रोज़ से रास्ते बने हैं मिट्टी के ऊपर

वे अचानक कहीं से नहीं
बल्कि नील के किनारे-किनारे चलकर
पहुँची थीं यहाँ तक।

उनके दरवाज़े थे

जिनसे दिखते थे पालने
केश बाँधने के रंगीन फ़ीते
पपीते के पेड़
ताज़ा कटी घास और
तम्बाकू के पत्ते–
जो धीरे-धीरे सूख रहे थे
और साँप मारने वाली बर्छी भी।

वे धब्बा और शोर नहीं थीं
उनके चिराग़ थे
जानवर थे
घर थे

उनके घर थे
जहाँ आग पर देर तक चने की दाल सीझती थी
आटा गूँधा जाता था
वहाँ मिट्टी के बर्तन में नमक था

जो रिसता था बारिश के दिनों में
उनके घर थे
जो पड़ते थे बिल्लियों के रास्तों में।

वहाँ रात ढलती थी
चाँद गोल बनता था

दीवारें थीं
उनके आँगन थे
जहाँ तिनके उड़ कर आते थे
जिन्हें चिड़ियाँ पकड़ लेती थीं हवा में ही।

वहाँ कल्पना थी
वहाँ स्मृति थी।

वहाँ दीवारें थीं
जिन पर मेघ और सींग के निशान थे
दीवारें थीं
जो रोकती थीं झाड़ियों को
आँगन में जाने से।

घर की दीवारें
बसने की ठोस इच्छाएँ
उन्हें मिट्टी के गीले लोंदों से बनाया था उन्होंने
साही के काँटों से नहीं
भालू के नाख़ुन से नहीं

कौन मक्कार उन्हें जंगल की तरह दिखाता है
और कैमरों से रंगीन पर्दों पर

वे मिट्टी की दीवारें थीं
प्राचीन चट्टानें नहीं
उन पर हर साल नयी मिट्टी
चढ़ाई जाती थी !
वे उनके घर थे—इन्तज़ार नहीं।
पेड़ के कोटर नहीं
उड़ रही चील के पंजों में
दबोचे हुए चूहे नहीं।

सिंह के जबड़े में नहीं थे उनके घर
पूरी दुनिया के नक़्शे में थे एक जगह
पूरे के पूरे

वे इतनी सुबह काम पर आती थीं
उनके आँचल भीग जाते थे ओस से
और तुरत डूबे चाँद से

वे इतनी सुबह आती थीं
वे कहाँ आती थीं ? वे कहाँ आती थीं ?
वे क्यों आती थीं इतनी सुबह
किस देश के लिए आती थीं इतनी सुबह ?

क्या वे सिर्फ़ मालिकों के लिए
आती थीं इतनी सुबह
क्या मेरे लिए नहीं ?
क्या तुम्हारे लिए नहीं ?

क्या उनका इतनी सुबह आना
सिर्फ़ अपने परिवारों का पेट पालना था ?

कैसे देखते हो तुम इस श्रम को ?
भारतीय समुद्र में तेल का जो कुआँ खोदा
जा रहा है
क्या वह मेरी ज़िन्दगी से बाहर है ?
क्या वह सिर्फ़ एक सरकारी काम है ?

कैसे देखते हो तुम श्रम को !

शहरों को उन्होंने धोखा और
जाल नहीं कहा

शहर सिर्फ़ जेल और हारे हुए मुक़दमे
नहीं थे उनके लिए

उन्होंने शहरों को देखा था
किसी जंगली जानवर की आँख से नहीं !

शहर उनकी ज़िन्दगी में आते-जाते थे
सिर्फ़ सामान और क़ानून बनकर नहीं
सबसे अधिक उनके बेटों के साथ-साथ
जो इस समय भी वहाँ
चिमनियों के चारों ओर
दिखाई दे रहे हैं !

उनकी हत्या की गयी
उन्होंने आत्महत्या नहीं की
इस बात का महत्त्व और उत्सव
कभी धूमिल नहीं होगा कविता में !

वह क्या था उनके होने में
जिसके चलते उन्हें ज़िन्दा जला दिया गया ?
बीसवीं शताब्दी के आख़िरी वर्षों में
एक ऐसे देश के सामने
जहाँ संसद लगती है ?

वह क्या था उनके होने में
जिसे ख़रीदा नहीं जा सका
जिसका इस्तेमाल नहीं किया जा सका

जिसे सिर्फ़ आग से जलाना पड़ा
वह भी आधी रात में कायरों की तरह
बंदूक़ों के घेरे में ?

बातें बार-बार दुहरा रहा हूँ मैं
एक साधारण-सी बात का विशाल प्रचार कर रहा हूँ !

मेरा सब कुछ निर्भर करता है
इस साधारण-सी बात पर !

वह क्या था उनके होने में
जिसे जला कर भी
नष्ट नहीं किया जा सकता !

पागल तलवारें नहीं थीं उनकी राहें
उनकी आबादी मिट नहीं गयी राजाओं की तरह !
पागल हाथियों और अन्धी तोपों के मालिक
जीते जी फ़ॉसिल बन गये
लेकिन लकड़ी का हल चलाने वाले

चल रहे हैं

रानियाँ मिट गयीं
ज़ंग लगे टिन जितनी क़ीमत भी नहीं
रह गयी उनकी याद की

रानियाँ मिट गयीं
लेकिन क्षितिज तक फ़सल काट रही
औरतें
फ़सल काट रही हैं।

1989

ज्योर्दानो फ़िलिप्पो ब्रूनो सोलहवीं सदी के महान इतालवी वैज्ञानिक-दार्शनिक थे। उन्होंने चर्च के वर्चस्व और धार्मिक रूढ़ियों को चुनौती देते हुए कोपरनिकस की इस स्थापना का समर्थन किया कि ब्रह्मांड के केन्द्र में सूर्य है और हमारी पृथ्वी के अलावा और भी पृथ्वियाँ हैं। सन् 1600 में ईसाई धर्म न्यायालय के आदेश पर उन्हें ज़िन्दा जला दिया गया। बाद में महान वैज्ञानिक गैलीलियो ने इसी वैज्ञानिक चेतना का विकास किया।

मैटिनी शो

प्यार
पुराने टूटे ट्रकों के पीछे मैंने किया प्यार
कई बार तो उनमें घुसकर
लतरों से भरे कबाड़ में जगह निकालते
शाम को अपना परदा बनाते हुए
अक्सर ही बिना झूठ
और बिना चाँद के

दूर था अवध का शहर लखनऊ
और रेख़ते से भीगी
उसकी दिलकश ज़बान
फ़िलहाल कोई एक देश नहीं
गोधूलि में पहले तारे के सिवा
पीठ के पीछे जो शहर था
वह शहर था भी और नहीं भी था
बनते-बनते उसे
अभी बनना था

औरतों और बच्चों से ताज़ादम बस्तियों
की गलियाँ ही गलियाँ
इनसे बाहर निकलते
छिपते-छिपाते

ऊँचाई पर बने आधी दीवार वाले फ़ुटपाथों
के आसमान को गले लगाते
हम पहुँचते सिनेमाघर के भीतर
अमर मैटिनी शो के अँधेरे में
मैंने किया प्यार

हमारी पढ़ाई थी थोड़ी
हमारे जीने के साधन थे बेहद कठोर
फ़ुरसत नहीं थी इतनी कि बहस करते
ख़ाक होने तक जाते भटकने
घनी आबादी में पले हमारे शरीर में
इतना कोलाहल था इतनी चाहत थी
कि वह जो एक सूना डर सताना शुरू करता है
प्रेम के साथ-साथ
हम उससे अनजान ही रहे लगभग

जैसे शादी ही थी हमारी मंज़िल
हमारा ज़रिया आगे के सफ़र का

आख़िर शादी की बात पक्की हो गयी
फिर तो जब भी काम से छुट्टी होती
साइकिल पर आगे बिठाकर
अपनी होने वाली बेगम को
मैं निकल जाता था दूर
शहर के बाहर जाने वाली किसी
छायादार सड़क पर
साइकिल चलाते हुए
आँख चुराते हुए
कभी-कभी दोनों एक ही साथ

सीटी बजाते हुए किया प्यार

घर के लोग भी जल्दी ही
सहमत हो गये
मेहनत की रोटी खाने वाले हमारे परिवार
नहीं थे इतने जटिल इतने पत्थरदिल
कि हमें बार-बार मरते हुए देखते
हम नहीं थे उनके लिए ज़रा भी अजनबी
हमारा निर्दोष इन्सान होना
उनके ख़ून में भी मौजूद था

तो एक दिन हमारी शादी हुई राज़ी-ख़ुशी
घर-गृहस्थी बसाते हुए
मुहल्ले भर के परिवारों में आते-जाते हुए
हम अभी भी कर रहे हैं प्यार

आसपास के रंगरूट आशिक़ों का
पता मालूम नहीं करना पड़ता
वे तो महीना नहीं बीतता
कि हो जाते हैं मशहूर
उनकी मदद के लिए मैं रहता हूँ तैयार
मोटर के चक्के बदलकर
इंजन में तेल भरकर।

1996

पहली फ़िल्म की रोशनी

जिस रात बाँध टूटा
और शहर में पानी घुसा

तुमने ख़बर तक नहीं ली

जैसे तुम इतनी बड़ी हुईं
बग़ैर इस शहर के
जहाँ तुम्हारी पहली रेल थी
पहली फ़िल्म की रोशनी।

1997

क़ीमत

अब तो भूलने की भी बड़ी क़ीमत मिलती है

अब तो यही करते हैं
लालची ज़लील लोग।

1997

आसमान जैसी हवाएँ

समुद्र
तुम्हारे किनारे शरद के हैं

और तुम स्वयं समुद्र
सूर्य और नमक के हो

तुम्हारी आवाज़
आन्दोलन और गहराई की है

और हवाएँ
जो कई देशों को पार करती हुई
तुम्हारे भीतर पहुँचती हैं
आसमान जैसी हैं

तुम्हें पार करने की इच्छा
अक्सर नहीं होती
भटक जाने का डर बना रहता है।

1994

रेल

हर भले आदमी की एक रेल होती है
जो माँ के घर की ओर जाती है

सीटी बजाती हुई
धुआँ उड़ाती हुई।

1994

जंक्शन

आह जंक्शन !
रेलें जहाँ देर तक रुकती हैं
बाक़ी सफ़र के लिए पानी लेती हैं

मैं ढूँढ़ता हूँ वहाँ
अपने पुराने हमसफ़र।

1994

शरद की रातें

शरद की रातें
इतनी हलकी और खुली
जैसे पूरी की पूरी शामें हों सुबह तक

जैसे इन शामों की रातें होंगी
किसी और मौसम में।

1992

रास्ते

घरों के भीतर से जाते थे हमारे रास्ते
इतने बड़े आँगन
हर ओर बरामदे ही बरामदे
जिनके दरवाज़े खुलते थे गली में
उधर से धूप आती थी दिन के अन्त तक

और वे पेड़
जो छतों से घिरे हुए थे इस तरह कि
हम उन पेड़ों पर चढ़कर
किसी भी छत पर उतर जाते

थे जब हम बन्दर से भी ज़्यादा बन्दर
बिल्ली से भी ज़्यादा बिल्ली

हम थे कल गलियों में
बिजली के पोल को
पत्थर से बजाते हुए।

1996

सूर्यास्त के आसमान

उतने सूर्यास्त के उतने आसमान
उनके उतने रंग
लम्बी सड़कों पर शाम
धीरे बहुत धीरे छा रही शाम
होटलों के आसपास
खिली हुई रोशनी
लोगों की भीड़
दूर तक दिखाई देते उनके चेहरे
उनके कन्धे जानी-पहचानी आवाज़ें

कभी लिखेंगे कवि इसी देश में
इन्हें भी घटनाओं की तरह।

1996

विस्मय तरबूज़ की तरह

तब वह ज़्यादा बड़ा दिखाई देने लगा
जब मैं उसके किनारों से वापस आया

वे स्त्रियाँ अब अधिक दिखाई देती हैं
जिन्होंने बचपन में मुझे चूमा

वे जानवर
जो सुदूर धूप में मेरे साथ खेलते थे
और उन्हें इन्तज़ार करना नहीं आता था

और वे पहले छाते
बादल जिनसे बहुत क़रीब थे

समुद्र मुझे ले चला उस दोपहर में
जब पुकारना भी नहीं आता था
जब रोना ही पुकारना था

जहाँ विस्मय
तरबूज़ की तरह
जितना हरा उतना ही लाल।

1990

थियेटर

पार्क की बेंच का
कोई अन्त नहीं है
वह सिर्फ़ टिकी भर है पार्क में
जब कि मौजूदगी है उसकी शहर के बाहर तक

पुल की रोशनियों का
कहीं अन्त नहीं है
मेरी रातें उनसे भरी हैं
मुझे तो मृत्यु के सामने भी
वे याद आयेंगी

लम्बी चोंच वाला छोटा पक्षी कठफोड़वा
मुश्किल से दिखाई पड़ा मुझे
दो-तीन बार
पिछले दस-बारह वर्षों में

वह फिर दिखाई देगा
इस बार थियेटर में

थियेटर का कोई अन्त नहीं है
थियेटर किसी एक इमारत का नाम नहीं है।

1996

पक्षी और तारे

पक्षी जा रहे हैं और तारे आ रहे हैं

कुछ ही मिनटों पहले
मेरी घिसी हुई पैंट सूर्यास्त से धुल चुकी है

देर तक मेरे सामने जो मैदान है
वह ओझल होता रहा
मेरे चलने से उसकी धूल उठती रही

इतने नम बैंजनी दाने मेरी परछाईं में
गिरते बिखरते लगातार
कि जैसे मुझे आना ही नहीं चाहिए था
इस ओर।

1990

रंगरेज़

एक पुरानी कार रँगी जा रही है
छलकने तक रँगी जायेगी।

1991

सात सौ साल पुराना छन्द

पृथ्वी घूमती हुई गयी किस ओर
कि सेब में फूल आने लगे

छोटे-छोटे शहरों के चाँद
अलग-अलग याद आये
बारिश से ऊपर उठते हुए उनका क़रार

घास की पत्तियों में ठहर गयी बूँदें
बिखरने लगीं तमाम नींद में

धूप उतरी नींबू में

पहला प्यार जब राख हो गया
ख़ुद को बचाया उस साँवली नृत्य शिक्षिका ने
दंगे के ख़िलाफ़ दिखी वह प्रभातफेरी में फिर
शरीर और समुदाय एक होता हुआ

लम्बी छुट्टी बीच में ही ख़त्म कर
लौटी वह फिर काम पर
आयी अपनी छात्राओं के बीच
अभ्यास कराने सात सौ साल पुराने छन्द का।

1994

समुद्र और चाँद

जब समुद्र उठ रहा था चाँद की ओर
पश्चिम भारत के अन्तिम किनारे पर
उस शाम मैंने उसे देखा

और चाँद
ट्राम के पहिये जितना बड़ा
और वह शहर कलकत्ता बहुत दूर
जहाँ ट्राम चलती है

समुद्र उठ रहा था चाँद की ओर
उस तरह सिर्फ़ घोड़े ही उठ सकते हैं
जैसे वे दिखते ही तब हैं
जब वे दौड़ते हैं

समुद्र उठ रहा था चाँद की ओर
मैं बिलकुल पास ही खड़ा था
एक ऐसा अकेलापन एक ऐसा तनाव
रोने की भी इच्छा हुई
लेकिन रुलाई फूटी नहीं

और किस तरह रात आ रही थी
उतनी ऊँची लहरों में

कहीं दिख नहीं रही थी
मेरी पुरानी कमीज़ के सिवा

देर तक वहाँ टिकना मुश्किल था
बम्बई के भीतर लौट आया।

1990

पगडंडी

वहाँ घने पेड़ हैं
उनमें पगडंडियाँ जाती हैं

ज़रा आगे ढलान शुरू होती है
जो उतरती है नदी के किनारे तक
वहाँ स्त्रियाँ हैं
घास काटती जाती हैं
आपस में बातें करते हुए
घने पेड़ों के बीच से ही उनकी
बातचीत सुनाई पड़ने लगती है।

1996

मीर

मीर पर बातें करो
तो वे बातें भी उतनी ही अच्छी लगती हैं
जितने मीर

और तुम्हारा वह कहना सब
दीवानगी की सादगी में
दिल-दिल करना
दुहराना दिल के बारे में
ज़ोर देकर कहना अपने दिल के बारे में कि
जनाब यह वही दिल है
जो मीर की गली से हो आया है।

1996

हसरत

जहाँ नदियाँ समुद्र से मिलती हैं
वहाँ मेरा क्या है
मैं नहीं जानता
लेकिन एक दिन जाना है उधर

उस ओर किसी को जाते हुए देखते
कैसी हसरत भड़कती है !

1996

किसने बचाया मेरी आत्मा को

किसने बचाया मेरी आत्मा को
दो कौड़ी की मोमबत्तियों की रोशनी ने

दो-चार उबले हुए आलू ने बचाया

सूखे पत्तों की आग
और मिट्टी के बर्तनों ने बचाया
पुआल के बिस्तर ने और
पुआल के रंग के चाँद ने

नुक्कड़ नाटक के आवारा जैसे छोकरे
चिथड़े पहने
सच के गौरव जैसा कंठ-स्वर
कड़ा मुक़ाबला करते
मोड़-मोड़ पर
दंगाइयों को खदेड़ते
वीर बाँके हिन्दुस्तानियों से सीखा रंगमंच
भीगे वस्त्र-सा विकल अभिनय

दादी के लिए रोटी पकाने का चिमटा लेकर
ईदगाह के मेले से लौट रहे नन्हे हामिद ने

और छह दिसम्बर के बाद
फ़रवरी आते-आते
जंगली बेर ने
इन सबने बचाया मेरी आत्मा को।

1996

कारवाँ

समुद्र और शहर
एक दूसरे की याद से भरे हुए हैं

बन्दरगाह हैं इनके रास्ते
और मज़दूर हैं इनके कारवाँ

शाम के समय गहरे पानी में
जब जहाज़ी लंगर डालते हैं
शहर अपनी बत्तियाँ जलाता है
दरवाज़ों में खड़ी स्त्रियाँ दिखाई देती हैं
क्या है उनके मन में
कैसी ज़मीन
बालू के ऊपर भी पानी
और बालू के नीचे भी पानी

समुद्र में काम करने वाले लोग
जब शहर में आते हैं
रात शुरू होती है
छुट्टी का सप्ताह है यह
एक सप्ताह की रात शुरू होती है
सात दिनों तक रात ही रात होगी
दुख होंगे लेकिन रेस्तराँ खुले रहेंगे

आधी रात के बाद भी सिनेमा दिखाया जायेगा

गाना जत्थों में गाया जायेगा
स्त्रियों के साथ-साथ मर्द गायेंगे
इनमें बच्चे भी शामिल होंगे
और पालतू जानवर भी

जहाज़ के लंगर पानी में सोते रहेंगे

फिर अगले सप्ताह समुद्र ही समुद्र होगा
लेकिन इस सप्ताह शहर ही शहर।

1997

अपनी बात

कितने दिनों से रात आ रही है
जा रही है पृथ्वी पर
फिर भी इसे देखना
इसमें होना एक अनोखा काम लगता है

मतलब कि मैं
अपनी बात कर रहा हूँ।

1996

सफ़ेद रात

पुराने शहर की इस छत पर
पूरे चाँद की रात
याद आ रही है वर्षों पहले की
जंगल की एक रात

जब चाँद के नीचे
जंगल पुकार रहे थे जंगल को
और बारहसिंगे
पीछे छूट गये बारहसिंगों को
निर्जन मोड़ पर ऊँची झाड़ियों में
ओझल होते हुए

क्या वे सब अभी तक बचे हुए हैं
पीली मिट्टी के रास्ते और खरहे
महोगनी के घने पेड़
तेज़ महक वाली कड़ी घास
देर तक गोधूलि ओस
रखवारे की झोपड़ी और
उसके ऊपर सात तारे

पूरे चाँद की इस शहरी रात में
किसलिए आ रही है याद
जंगल की रात ?

छत से झाँकता हूँ नीचे
आधी रात बिखर रही है

दूर-दूर तक चाँद की रोशनी

सबसे अधिक खींचते हैं फ़ुटपाथ
ख़ाली खुले आधी रात के बाद के फ़ुटपाथ
जैसे आँगन छाये रहे मुझमें बचपन से ही
और खुली छतें बुलाती रहीं रात होते ही
कहीं भी रहूँ

क्या है चाँद के उजाले में
इस बिखरती हुई आधी रात में
एक असहायता
जो मुझे कुचलती है और एक उम्मीद
जो तकलीफ़ जैसी है

शहर में इस तरह बसे
कि परिवार का टूटना ही उसकी बुनियाद हो जैसे
न पुरखे साथ आये न गाँव न जंगल न जानवर
शहर में बसने का क्या मतलब है
शहर में ही ख़त्म हो जाना ?
एक विशाल शरणार्थी शिविर के दृश्य

हर कहीं उनके भविष्यहीन तम्बू
हम कैसे सफ़र में शामिल हैं
कि हमारी शक्ल आज भी विस्थापितों जैसी
सिर्फ़ कहने के लिए कोई अपना शहर है
कोई अपना घर है
इसके भीतर भी हम भटकते ही रहते हैं

लखनऊ में बहुत कम बच रहा है लखनऊ
इलाहाबाद में बहुत कम इलाहाबाद
कानपुर और बनारस और पटना और अलीगढ़
अब इन्हीं शहरों में
कई तरह की हिंसा कई तरह के बाज़ार
कई तरह के सौदाई
इनके भीतर इनके आसपास
इनसे बहुत दूर बम्बई हैदराबाद अमृतसर
और श्रीनगर तक
हिंसा
और हिंसा की तैयारी
और हिंसा की ताक़त

बहस नहीं चल पाती
हत्याएँ होती हैं
फिर जो बहस चलती है
उसका भी अन्त हत्याओं में होता है

भारत में जन्म लेने का
मैं भी कोई मतलब पाना चाहता था

अब वह भारत भी नहीं रहा
जिसमें जन्म लिया

क्या है इस पूरे चाँद के उजाले में
इस बिखरती हुई आधी रात में
जो मेरी साँस
लाहौर और कराची और सिन्ध तक उलझती है ?

क्या लाहौर बच रहा है ?
वह अब किस मुल्क में है ?
न भारत में न पाकिस्तान में
न उर्दू में न पंजाबी में
पूछो राष्ट्र निर्माताओं से
क्या लाहौर फिर बस पाया ?

जैसे यह अछूती
आज की शाम की सफ़ेद रात
एक सच्चाई है
लाहौर भी मेरी सच्चाई है

कहाँ है वह
हरे आसमान वाला शहर बग़दाद
ढूँढ़ो उसे
अब वह अरब में कहाँ है ?

पूछो युद्ध सरदारों से
इस सफ़ेद हो रही रात में

क्या वे बग़दाद को फिर से बना सकते हैं ?

वे तो खजूर का एक पेड़ भी नहीं उगा सकते
वे तो रेत में उतना भी पैदल नहीं चल सकते
जितना एक बच्चा ऊँट का चलता है
ढूह और ग़ुबार से
अन्तरिक्ष की तरह खेलता हुआ

क्या वे एक ऊँट बना सकते हैं ?
एक गुम्बद एक तरबूज़ एक ऊँची सुराही
एक सोता
जो धीरे-धीरे चश्मा बना
एक गली
जो ऊँची दीवारों के साये में शहर घूमती थी
और गली में
सिर पर फ़ीरोज़ी रूमाल बाँधे एक लड़की
जो फिर कभी उस गली में नहीं दिखेगी

अब उसे याद करोगे
तो वह याद आयेगी
अब तुम्हारी याद ही उसका बग़दाद है
तुम्हारी याद ही उसकी गली है उसकी उम्र है
उसका फ़ीरोज़ी रूमाल है

जब भगत सिंह फाँसी के तख़्ते की ओर बढ़े
तो अहिंसा ही थी
उनका सबसे मुश्किल सरोकार

अगर उन्हें क़बूल होता
युद्ध सरदारों का न्याय
तो वे भी जीवित रह लेते
बर्दाश्त कर लेते
धीरे-धीरे उजड़ते रोज़ मरते हुए
लाहौर की तरह
बनारस अमृतसर लखनऊ इलाहाबाद
कानपुर और श्रीनगर की तरह।

1997